REDEN ZUM GADAMER-PREIS

Band 1

Hans-Georg Gadamer

*Hans-Georg Gadamer in seinem Heidelberger Arbeitszimmer
am 01.11.1999 (Foto: Ph. Rothe)*

Gadamer-Preis 2022

Reden und Grußworte von

CHARLES LARMORE
RAINER FORST
CARSTEN DUTT
MATTHIAS WEIDEMÜLLER

Universitätsverlag
WINTER
Heidelberg

Bibliografische Information der Deutschen Nationalbibliothek

Die Deutsche Nationalbibliothek verzeichnet diese Publikation
in der Deutschen Nationalbibliografie;
detaillierte bibliografische Daten sind im Internet
über *http://dnb.d-nb.de* abrufbar.

ISBN 978-3-8253-4977-6

© 2023 Universitätsverlag Winter GmbH Heidelberg
Imprimé en Allemagne · Printed in Germany
Umschlaggestaltung: Klaus Brecht GmbH, Heidelberg
Druck: Memminger MedienCentrum, 87700 Memmingen

Gedruckt auf umweltfreundlichem, chlorfrei gebleichtem
und alterungsbeständigem Papier

Den Verlag erreichen Sie im Internet unter:
www.winter-verlag.de

Inhalt

Charles Larmore (Brown University, USA)
Gadamer-Preisträger 2022

Vorwort

Hans-Georg Gadamer (1900–2002) zählt zu den bedeutendsten und wirkungsmächtigsten Philosophen des 20. Jahrhunderts. Zumal sein 1960 erschienenes Opus summum *Wahrheit und Methode* hat neue Horizonte der Verständigung über das Verstehen – seine Voraussetzungen, seine Probleme, seine Kulturfunktion – erschlossen und damit nicht nur die Philosophie, sondern zahllose Diskurse der Wissenschaften beeinflusst: von der Theologie und der Jurisprudenz über die Geschichtswissenschaft, die vergleichende Religionswissenschaft, die Soziologie und die Ethnologie bis hin zu den Literatur-, Kunst- und Medienwissenschaften.

Gadamer zu Ehren stiftet die am Philosophischen Seminar der Universität Heidelberg ansässige Hans-Georg Gadamer-Gesellschaft für hermeneutische Philosophie den Gadamer-Preis. Er wird vergeben für herausragende Leistungen auf den Gebieten der philosophischen oder geisteswissenschaftlichen Hermeneutik.

Anlässlich des 20. Todestages von Hans-Georg Gadamer fand am 13. März 2022 in der Alten Aula der Heidelberger Universität ein Festakt zur Verleihung des ersten Gadamer-Preises an den Philosophen Charles Larmore statt. Die Gadamer-Gesellschaft würdigt in Larmore einen Denker von Weltrang, in dessen weitgespanntem Werk argumentative Präzision, historische Sensibilität und zeitdiagnostische Kraft eine Verbindung eingehen, die im besten Sinne hermeneutisch genannt werden darf und durch ebenso eigenständige wie philosophisch belangvolle Bezugnahmen auf die Hermeneutik Gadamers ausgezeichnet ist.

Neben der als Selbstverständigung mit Gadamer angelegten Dankesrede Charles Larmores enthält der vorliegende erste Band der Reden zum Gadamer-Preis die Larmores Werk würdigende Laudatio des Frankfurter Philosophen Rainer Forst, die Begrüßungsansprache des Präsidenten der Gadamer-Gesellschaft Carsten Dutt sowie ein Grußwort des Prorektors für Innovation und Transfer der Universität Heidelberg Matthias Weidemüller.

Im Auftrag des Vorstandes der
Hans-Georg Gadamer-Gesellschaft

Carsten Dutt
Petra Gehring

CARSTEN DUTT

Begrüßungsansprache

Verehrte Festversammlung,
Altmagnifizenz zu Putlitz,
liebe Andrea Gadamer,
lieber Herr Kollege Forst
und vor allem: lieber, verehrter Charles Larmore,

im Namen des Vorstands der Hans-Georg Gadamer-Gesellschaft für hermeneutische Philosophie darf ich Sie an diesem wunderschönen Sonntagmorgen, dessen makellos blauer Himmel uns erhebt und im Wissen um die Kriegsgeschehnisse in der Ukraine zugleich so schmerzlich berührt, zur Feier der Vergabe des ersten Gadamer-Preises an Professor Charles Larmore begrüßen.

Die Gadamer-Gesellschaft, im Oktober des vergangenen Jahres gegründet, seit Beginn dieses Jahres als gemeinnütziger Verein zur Förderung von Wissenschaft und Forschung anerkannt und dank liebenswürdiger Gastfreundschaft am Philosophischen Seminar der Universität Heidelberg ansässig, vergibt den an ihren Namensgeber erinnernden Preis für eminente Leistungen im Bereich der philosophischen oder geisteswissenschaftlichen Hermeneutik: jenem viele Disziplinen umspannenden und allemal kunstvollen, Könnerschaft nämlich voraussetzenden Zusammenhang von Theorie und Praxis, der sich auf die Interpretation sinnhaltiger Formen bezieht und an ihnen zumal dann bewährt, wenn Sinn und Bewandtnis nicht für jedermann offen und unzweideutig zutage liegen, vielmehr in komplexen Prozessen des Erklärens und Auslegens in die Helligkeit des Verstehens gehoben werden müssen.

Hans-Georg Gadamer, der heute vor zwanzig Jahren, am 13. März 2002, im hohen, durch völlige geistige Präsenz gesegneten Alter von 102 Jahren in Heidelberg starb – an einem Mittwoch übrigens und unter gleichfalls schmerzlich schönen Himmeln –, war ein Meister dieser Kunst und ihrer philosophischen Reflexion. Mit dem magistralen Werk, das er der Erläuterung der Wissenschafts- und mehr noch der Lebensbedeutsamkeit des Verstehens im Jahre 1960 unter dem berühmt gewordenen Titel *Wahrheit und Methode* gewidmet hat, ist Gadamer zu einem der einflussreichsten Philosophen des 20. Jahrhunderts geworden, dessen Denkangebote weit über die Grenzen des philosophischen Fachdiskurses hinaus wahrgenommen, erörtert, kritisch fortgebildet und dergestalt auf mancherlei Weise intellektuell fruchtbar gemacht werden. Des unverminderten Anregungspotentials der Gadamer'schen philosophischen Hermeneutik konnten wir uns just dieser Tage im Zuge der überaus lebendigen, von steriler Klassiker-Pflege sternenweit entfernten Diskussionen einer Tagung versichern, die die Hans-Georg Gadamer-Gesellschaft unter dem Titel »Wissen und Verstehen in den Geisteswissenschaften heute« am Philosophischen Seminar der Heidelberger Universität veranstaltet hat.

Die Planung und Durchführung wissenschaftlicher Tagungen, Seminare und Sommerakademien, die sich auf Themen und Thesenführungen Gadamers, auf sein Werk und dessen internationale Wirkungsgeschichte beziehen, die Publikation der aus diesen Veranstaltungen erwachsenden Schriften, die editorische Erschließung des im Deutschen Literaturarchiv Marbach und zu einem kleineren Teil im Universitätsarchiv Heidelberg verwahrten Nachlasses Gadamers, die jährliche Vergabe von Gadamer-Stipendien zur Förderung von Nachwuchswissenschaftlerinnen und Nachwuchswissenschaftlern – dies sind einige der Formate, mit denen sich die Gadamer-Gesellschaft in den Dienst der Belange hermeneutischer Philosophie und Geisteswissenschaft stellen möchte.

Dass dies von Heidelberg und nicht etwa von einem anderen Ort aus geschieht, ist nicht nur angemessen, sondern geradezu geboten. Denn Gadamer gehörte und gehört zu Heidelberg, seit er 1949 als Nachfolger von Karl Jaspers an die Stadt am Neckar kam und in Ermangelung eines freien Hotelzimmers die erste Nacht auf einer Parkbank in der Nähe des alten Bahnhofs am Bismarckplatz zubringen musste.[1] Was derart unwirtlich begann, wurde zu einer über ein halbes Jahrhundert währenden Glücksbeziehung zwischen der Stadt, der Universität und ihrem Philosophen. Als ordentlicher Professor, als Geschäftsführender Direktor des Philosophischen Seminars, als Dekan der Philosophischen Fakultät, in späteren Jahren auch als Präsident der Heidelberger Akademie der Wissenschaften hat Gadamer den wissenschaftlichen Institutionen Heidelbergs glanzvoll und wirkungsmächtig gedient – nicht freilich auch im Amt des Rektors, das er nach Kriegsende schon andernorts, in Leipzig nämlich, bekleidet hatte. Dafür dürfte Gadamer den Älteren unter uns noch immer als brillanter Festredner im Rahmen jener weit ausstrahlen-

---

[1] Vgl. Hans-Georg Gadamer: *Philosophische Lehrjahre. Eine Rückschau*. Frankfurt am Main 1977, 167.

den Feierlichkeiten in Erinnerung stehen, die Altrektor zu Putlitz 1986
zum 600. Jubiläum der Ruperto Carola organisierte.

Überhaupt: Wer von uns Älteren hat Gadamer nicht vor Augen, wie
er im beigen, gelegentlich auch im dunkelblauen Trenchcoat und stets
eine schwarze Baskenmütze tragend auf seinen Stock gestützt langsam
durch die Gassen der Heidelberger Altstadt schritt – Häuserportale und
Kirchenfassaden kontemplierend, vor allem aber den Menschen zuge-
wandt, die ihm auf seinen Gängen begegneten oder mit denen er sich
in einer der Altstadtkneipen, vorzugsweise in seinem geliebten *Florian*,
traf. Dann konnte es Stunden dauern, bis er in unverminderter Frische
wieder herauskam, weil er sich angeregt unterhalten hatte: zuhörend, fra-
gend, nach Antworten suchend und Stellung nehmend in jenem Medium,
das zum Emblem seiner Philosophie geworden ist: dem Gespräch. Ein
denkwürdiges Leben fürwahr und ein denkwürdiges Werk, die es beide
verdienen, durch einen Gadamer-Preis für herausragende Leistungen *in
hermeneuticis* in Erinnerung gehalten zu werden.

Ebenso wie vom Glanz seines Namensgebers lebt die Dignität eines
Preises freilich vom Rang seiner Empfänger. Die Hans-Georg Gadamer
Gesellschaft für hermeneutische Philosophie schätzt sich daher besonders glücklich, dass sie den ersten Gadamer-Preis an Professor Charles
Larmore, einen hermeneutisch arbeitenden Philosophen von Weltrang
verleihen darf. Nach Professuren an der Columbia University (1978–1997)
und der University of Chicago (1997–2006) lehrt Charles Larmore seit
2006 als W. Duncan MacMillan Family Professor in the Humanities und
Professor of Philosophy an der Brown University in Providence, Rhode
Island. Larmore ist ein polyglotter Philosoph, der in der deutschen und
französischen Sprache wie in deutschen und französischen Denktraditio-
nen ebenso zuhause ist wie in seiner Muttersprache und der Philosophie
des angloamerikanischen Raums. Er ist Mitglied der American Academy
of Arts and Sciences und in Auszeichnung einer seiner wichtigsten Ver-
öffentlichungen, des 2004 in französischer Originalfassung erschienenen
Buches *Les pratiques du moi*, Träger des Grand Prix de Philosophie der
Académie française.

Über die philosophische Bedeutung von Larmores Œuvre, das Ar-
beiten zur Moralphilosophie und politischen Theorie, insbesondere zur
Theorie des politischen Liberalismus, ebenso umfasst wie analytische
Erhellungen zum Begriff der Freiheit und zum Vernunftvermögen des
Menschen, wird aus genauer Kenntnis Professor Rainer Forst von der
Goethe-Universität Frankfurt zu uns sprechen. Ich möchte Herrn Forst

an dieser Stelle ganz herzlich für seine Bereitschaft zur Übernahme der
Laudatio danken. Aus Sicht der Hans-Georg Gadamer-Gesellschaft darf
ich noch anmerken, dass Charles Larmore auch wichtige Beiträge zu
Gadamers philosophischer Hermeneutik vorgelegt hat und dass es nicht
zuletzt diese Beiträge waren, die den Wissenschaftlichen Beirat und das
Präsidium unserer Gesellschaft für ihn als ersten Gadamer-Preisträger
begeistert haben. Ich nenne und empfehle Ihnen zur Lektüre nur einen
der insoweit einschlägigen Titel: die zuerst 2011 in der Zeitschrift *Poetica* erschienene Abhandlung *Interpretation und Gespräch. Reflexionen
zu Gadamers Wahrheit und Methode*.[2] In den rekonstruktiven und kritischen Schritten dieses Textes, einer wunderbar luziden Verbindung von
Darstellung, Würdigung, Befragung und sachlich gebotener Korrektur,
erfüllt sich aufs schönste, was Gadamer selbst als den hermeneutischen
Vollzug philosophischen Denkens und Weiterdenkens beschrieben hat:
»Philosophie«, so heißt es am Schluss seines 1972 erschienenen Aufsatzes *Semantik und Hermeneutik,* »die immer, ausdrücklich oder nicht,
Kritik der überlieferten Denkversuche sein muss, ist ein solcher hermeneutischer Vollzug, der die Strukturtotalitäten, die die semantische Analyse herausarbeitet, in das Kontinuum des Übersetzens und Begreifens
einschmilzt, in dem wir bestehen und vergehen.«[3] Für ein mustergültiges
Beispiel des in solchem Vollzug erreichbaren Fortschritts und freilich
noch für vieles mehr dürfen wir dem Philosophen Charles Larmore heute
im Namen Gadamers danken.

[2] Jetzt in Charles Lamore: *Das Selbst in seinem Verhältnis zu sich und anderen*,
   Frankfurt am Main 2017, 219–249.
[3] Hans-Georg Gadamer: »Semantik und Hermeneutik«, in: ders: *Gesammelte
   Werke. Bd. 2: Hermeneutik II. Wahrheit und Methode. Ergänzungen. Register*,
   Tübingen 1986, 174–183, 183.

MATTHIAS WEIDEMÜLLER

Grußwort

Sehr geehrter Präsident der Hans-Georg Gadamer Gesellschaft,
Herr Kollege Dutt,
sehr geehrte Frau Gadamer,
sehr geehrter Herr Kollege Forst,
sehr geehrter Preisträger, Herr Professor Larmore,
sehr geehrte Festgäste,

sehr herzlich begrüße ich Sie im Namen des Rektors der Ruperto Carola, Professor Eitel, und des Rektorats in der Alten Aula der Universität, in ihrem akademischen Salon gewissermaßen. Wie gerne hätte ich persönlich zu Ihnen gesprochen und der Festveranstaltung beigewohnt, doch eine kürzlich erfolgte Ansteckung durch das tückische Corona-Virus zwingt mich in die Quarantäne. Glücklicherweise scheint die Erkrankung mittlerweile nahezu überwunden.

Einen besseren Ort für die Verleihung des ersten Gadamer-Preises als die Alte Aula kann man sich nicht vorstellen, steht doch dieser Ort in seiner Ausgestaltung für die lange Tradition unserer Alma Mater. An der Decke symbolisch vertreten die traditionellen vier Fakultäten: Theologie, Jurisprudenz, Medizin und die *Facultas Artium* (der *Septem Artes Liberales*: Grammatik, Rhetorik, Dialektik, Arithmetik, Geometrie, Musik, Astronomie). Als Physiker mit einem nicht geringen Faible für die Philosophie fühle ich mich, wie sicher die meisten der hier Anwesenden, in der Tradition der letzteren, vierten Fakultät. Heute sind es deren 13 an der Universität Heidelberg, die die Geisteswissenschaften und die Theologie, Jura, Wirtschafts- und Sozialwissenschaften, zwei Medizinische Fakultäten und die Naturwissenschaften, Mathematik und Informatik abdecken, alle Sprösslinge der ursprünglichen vier Grundfakultäten. Ganz neu hinzugekommen ist mit dem vergangenen Wintersemester die neugegründete Fakultät für Ingenieurwissenschaften, die den Anspruch der Universität Heidelberg, eine forschungsorientierte Volluniversität zu sein, nun auch formal vollendet.

Wir erleben unruhige Zeiten, in denen die Rolle der Philosophie als erklärende, einordnende, wertende, aber auch richtungsweisende akademische Disziplin, nicht hoch genug eingeschätzt werden kann. Der derzeit inflationär gebrauchte Begriff *Krise* wird im Chinesischen untrennbar durch zwei Zeichen dargestellt, einem für »Gefahr«, einem anderen für »Gelegenheit« oder sogar »Chance«, und sie erkennen in mir leicht den zum Optimismus verdammten Rheinländer, wenn genau diese Dichotomie mir besonders bedeutsam erscheint. Ohne mir auch nur die geringste Kompetenz in moderner Hermeneutik, insbesondere in ihrer Interpretation durch Hans-Georg Gadamer, anmaßen zu wollen, bin ich doch der festen Überzeugung, dass wir den gegenwärtigen Herausforderungen einer komplexen Wirklichkeit nur dann adäquat begegnen können, wenn wir in der Lage sind, diese in ihre historischen und kulturellen Kontexte einzubetten. Und nur dann können unsere Handlungen Wirkungen zeitigen, die über die allfälligen Erwartungen kurzfristiger und oft genug scheinbarer Erfolge hinausgehen.

Es gibt keinen schöneren und geeigneteren Ort, diese Form der intellektuellen und mitunter auch sehr praktischen Auseinandersetzung mit den wirklich großen Fragen der Menschheit zu pflegen als die Universität. Insofern hoffe ich, dass Ihnen auch die heutige Festveranstaltung mit ihrem Preisträgervortrag Erkenntnisse beschert, die ihren Blick auf die Welt oder gar ihr zukünftiges Handeln beeinflussen werden. Ich bedanke mich bei der Hans-Georg Gadamer-Gesellschaft für die Gestaltung des Festakts und die Einladung. Zu gerne wäre ich dem Diskurs persönlich gefolgt und hätte mich im Nachgang mit Ihnen ausgetauscht. So bleibt mir nur, Ihnen allen aus der häuslichen Quarantäne auf diesem Wege einen unvergesslichen Sonntagvormittag an der Universität Heidelberg zu wünschen.

RAINER FORST

Auf den Grund gehen

Laudatio für Charles Larmore

Sehr geehrte Frau Gadamer,
sehr geehrter Herr Prorektor Weidemüller,
sehr geehrter Herr Präsident der Gadamer-Gesellschaft,
lieber Kollege Dutt,
lieber Charles,
meine sehr geehrten Damen und Herren,

es ist mir eine große Freude und Ehre, die Laudatio auf meinen verehrten Kollegen und lieben Freund Charles Larmore halten zu dürfen, und ich gratuliere ihm ebenso zu dem Gadamer-Preis wie ich der Gesellschaft, die ihn verleiht, zu dieser Wahl gratuliere. Man hat sich weise entschieden, nicht im engeren Sinne einen Vertreter der hermeneutischen Schule zu ehren, sondern einen wahrhaft hermeneutischen Geist. Diese Bezeichnung verdient jemand, der sich der Bedingtheit des eigenen Verstehensvermögens bewusst ist und dabei zugleich unnötige und künstliche Grenzen des Verstehens kreativ zu überwinden sucht – etwa solche, die analytische und kontinentale Philosophie in Schubladen sortieren, solche, die historische und systematische Reflexion als Alternativen ansehen, oder solche, die glauben, das philosophische Denken sei in Kosmen der Unübersetzbarkeit eingeschlossen. Larmore, der auf Englisch, Deutsch und Französisch gleichermaßen behende philosophiert, wäre der Letzte, der die Besonderheiten dieser Sprachen und der Traditionen, die sie hervorgebracht haben, unterschätzen würde, aber er ist davon überzeugt, dass die Philosophie eine universale menschliche Anstrengung ist, die Probleme, die uns alle betreffen, zu verstehen und, wenn es gut geht, einer Lösung näher zu bringen.

Hier sehe ich – aber ich will der Rede des Preisträgers nicht vorgreifen – die größte Nähe zu Gadamer, der den Universalitätsanspruch der Hermeneutik, die dem Sein nachgeht, das uns als Sprache verständlich werden kann, so auffasste, dass wir inmitten all unserer Endlichkeit auf das abzielen, was unser Selbst- und Weltverhältnis letztlich ausmacht. So lese ich Gadamers Reflexionen am Ende von *Wahrheit und Methode* bezüglich des Zusammenhangs des Schönen und des Guten im Anschluss an Platon, nämlich als Bestimmung, dass die Philosophie die methodische Form des Fragens ist, die sozusagen aufs Ganze geht, oder, wie ich es nennen will, den Dingen auf den Grund geht.

Und damit sind wir bei dem Motto, unter das ich mein Lob auf den Philosophen Larmore stellen will: *Auf den Grund gehen.* Denn dies hat bei ihm eine besondere Bedeutung, nicht nur lebensgeschichtlich, weil es den jungen Mann aus der geordneten Vorstadt Baltimores, wo er aufwuchs, früh schon dazu hinzog, mehr und andere Fragen zu stellen als die, wie man sich im bürgerlichen Leben erfolgreich einrichten kann[1], sondern auch philosophisch, weil er der Spezies der Philosophie Treibenden angehört, die nicht ruhen, bis sie die Oberflächen unseres Wissens, Denkens und Handelns auf ihren Grund, oder besser: auf die jeweils leitenden Gründe hin durchstoßen haben. Den Dingen auf den Grund gehen heißt bei Larmore, zu der Welt der Gründe vorzudringen, die uns als Gründe gebende Wesen leiten bzw. leiten sollten. So ist seine Philosophie des *animal rationale* eine groß angelegte Reflexion auf die Gründe unserer selbst. Er unternimmt dies auf eine Weise, wie es einem hermeneutischen Geist gebührt – fest gegründet auf dem Wissen um die griechische Grundlegung der Philosophie, verknüpft er mühelos und kunstvoll den Realismus eines Montaigne mit der Poesie Hölderlins, Reflexionen des und über den Deutschen Idealismus von Kant bis Henrich mit den Überlegungen der avancierten analytischen Philosophie, die er seinerzeit als Undergraduate in Harvard bei seinen Lehrern Quine, Putnam, Rawls und Nozick aufnahm und an deren Fortgang er teilhat – aber nicht, ohne sich weit mehr für die Geschichte der Philosophie zu interessieren, als es in dieser Tradition üblich ist. (Rawls war die Ausnahme unter den Genannten.)

In Yale schrieb er seine Dissertation bei Robert Fogelin über den wissenschaftlichen Realismus, und obwohl er sich fortan auf andere Gebiete der Philosophie hinbewegte, ließ ihn die Frage nach der Wirklichkeit, die unabhängig von uns besteht, und wie wir sie erfassen können, nie los. Sein philosophischer Realismus der Gründe bezeugt das. Dieser lässt ihn auch kritische Rückfragen an Gadamer stellen, wie er es in einem bemerkenswerten Text über *Wahrheit und Methode* tut, wo er die Tendenz zum historischen Relativismus bemängelt, die er im Unterschied zu der Lesart, die ich oben vorschlug, nicht ganz zu Unrecht bei Gadamer angelegt sieht.[2] Große Texte weisen nicht selten solche Ambivalenzen auf.

---

[1] Vgl. dazu die autobiographischen Bemerkungen in Charles Larmore: *De raisonnables désaccords. Dialogue avec Pierre Fasula,* Paris 2022.

[2] »Interpretation und Gespräch. Reflexionen zu Gadamers *Wahrheit und Me-*

Ich kann den komplexen Denkweg Larmores nicht im Detail nachver-
folgen, will aber doch versuchen, ein Bild zu zeichnen, das die Schwerpunkte seiner Arbeit sichtbar macht und die dabei wichtigsten Stationen.
Ich identifiziere drei dieser Schwerpunkte: die politische Philosophie, die
Moralphilosophie und die Philosophie der Subjektivität oder des Selbst,
wie man auch sagen kann.

Zwischen der ersten Studienzeit in Harvard und der Promotion in Yale
verbringt Charles Larmore ein Studienjahr in Paris, und während der
Graduate-Jahre eines in Münster (und Bielefeld, wohin es ihn nicht zuletzt wegen Luhmann zog). Die Sprachfertigkeit, die ihn auszeichnet,
kommt also nicht von ungefähr, ist aber dennoch auf ein, ja, hermeneuti-
sches Vermögen gegründet, das bei solchen Aufenthalten entfaltet, aber
nicht erst geschaffen wird. 1978 wird Larmore Assistant und später Asso-
ciate Professor an der Columbia University in New York, wo er sich auch,
aber nicht ausschließlich, mit praktischer Philosophie beschäftigt; Fragen
der Subjektivität, auch der Wissenschaftstheorie sowie der Philosophie
der frühen Neuzeit spielen eine Rolle. Das, was man im Englischen einen
»splash« nennt, gelingt ihm 1987 mit seinem ersten Buch, *Patterns of
Moral Complexity*, später auch im Metzler Verlag auf Deutsch erschienen.[3] In dem Buch findet sich eine Reihe von Schätzen, am einflussreichsten aber wurde seine klare Diskussion des oft falsch verstandenen
Terminus der politischen Neutralität des Staates in Bezug auf Fragen des
guten Lebens – eine Debatte, die seinerzeit im Kontext der Diskussion
um Rawls' neuere Theorie und die Kritik des Kommunitarismus heftig
geführt wurde. In diesem Kontext lernten wir beide uns auch in den
Neunzigern kennen, und ich kann mir mein eigenes Denken gar nicht
mehr ohne die Anregungen und Einwände von Charles vorstellen. Wie er
selbst sagt (ich komme noch darauf zurück), lernen wir erst von anderen,
was es mit uns auf sich hat.

Larmore gelingt es in dem erwähnten Buch, deutlich zu machen, dass
sich die politische Neutralität keinesfalls auf die moralischen Grundlagen
der liberal-demokratischen Ordnung bezieht, sondern auf den Bereich
des Normativen, in dem die Vernunft nicht hinreicht, für alle verbind-
liche Antworten auf zutiefst relevante praktische Fragen des Lebens zu

---

thode«, in: Larmore: *Das Selbst in seinem Verhältnis zu sich und anderen*,
Frankfurt am Main 2017, 219–249.
[3] Charles Larmore: *Patterns of Moral Complexity*, Cambridge 1987. Deutsche
Ausgabe: *Strukturen moralischer Komplexität*, Stuttgart 1995.

finden – und es auch nicht nötig ist. Es gehört für ihn zur Essenz moralischer Urteilskraft, nicht nur unterschiedliche Prinzipien der Moral zu erkennen, sondern eine Ordnung zu finden, die der Komplexität der moralischen Welt gerecht wird. Und so sehr er die politische Romantik kritisiert, die dies verneint, wird ihr dort, wo sie auf die Besonderheit der Frage des authentischen Lebens hinweist, Genüge getan. Larmore zeigt hier wie auch in einem wunderbaren kleineren Buch etwas später, *The Romantic Legacy*[4], dass das Eintreten für den Liberalismus nicht das Eintreten für eine »liberale Lebensform« als Lehre des guten Lebens ist.

Die politische Philosophie, die Larmore hier und in folgenden Werken ausarbeitet, zeichnet sich dadurch aus, dass sie der Frage nach der Normativität des Politischen auf den Grund geht. In *The Morals of Modernity*[5] wie auch dem früheren Werk *Modernité et morale*[6] kennzeichnet Larmore die spezifisch moderne Moralvorstellung, die dabei leitend ist. Sie ist keiner Verlegenheit angesichts des Verlusts einer Einheit des Guten und des Gerechten geschuldet, sondern eine Reflexion darauf, was es heißt, in einer »entzauberten Welt« (mit Max Weber gesagt, wir sind ja in Heidelberg) ein religiöses oder areligiöses Leben leben zu können, dabei aber ethische Urteilskraft zu beweisen und zu wissen, wann mein Handeln Normen und Prinzipien betrifft, die schlechterdings allgemein gelten und gelten müssen, wenn wir einander als Gleiche respektieren. Im kritischen Dialog mit Rawls, Habermas und anderen, die zu dieser Zeit ebenfalls wichtige Werke vorlegten, entfaltet Larmore eine moralisch begründete politische Philosophie, die Ordnung in die komplexe Problematik bringt, worüber vernünftige Personen zutiefst uneinig sein können und worüber nicht. Dass die Vernunft dabei ihre Grenzen erkennt, ist ihre Stärke und keine Schwäche.

In weiteren Werken, besonders *The Autonomy of Morality*[7] oder zuletzt *What is Political Philosophy*[8], verfolgt Larmore dieses Programm weiter. Inzwischen hatte er New York in Richtung der University of Chicago verlassen, wo er Philosophie und Politische Wissenschaft lehrte, auch als Distinguished Professor, bis er 2006 auf eine renommierte Professur an die Brown University wechselte, wo er bis heute lehrt. In dem

---

[4] New York 1996.
[5] Cambridge 1996.
[6] Paris 1993.
[7] Cambridge 2008.
[8] Cambridge 2020.

erstgenannten Buch finden sich wegweisende Untersuchungen zur moralischen Grundlage des Liberalismus, die er in einem Prinzip des moralischen Respekts lokalisiert, zur Bedeutung politischer Freiheit oder dem Begriff öffentlicher Vernunft, neben Fragen der Moralphilosophie, auf die ich gleich zu sprechen komme. Und in dem neueren Buch zur Bestimmung der politischen Philosophie klärt Larmore weiter die Beziehung zwischen Moralphilosophie und politischer Philosophie und diskutiert nuanciert neuere Ansätze des sogenannten politischen Realismus, einer verzweigten Richtung des politischen Denkens, die sich gegen eine überschießende moralische Betrachtung der Politik wehrt – und dabei selbst überschießt, wenn sie die Frage der Normativität aus dem politischen Raum zu verabschieden droht. Larmore präsentiert hier eine wichtige Theorie politischer Legitimität (in der Auseinandersetzung mit Bernard Williams, nicht nur hier ein wichtiger Gesprächspartner), und er macht deutlich, dass »liberalism« nicht »capitalism« heißt, sondern dass die politische Ökonomie, die unser Leben diktiert, die normativen Grundlagen der Demokratie zu unterhöhlen droht.

Damit komme ich zum zweiten Schwerpunkt des Werkes von Larmore, der Moralphilosophie. Diese geht in ihrer Rolle als Grundlage der politischen Philosophie nicht auf, sondern wird seit dem erwähnten ersten Buch sowie in einer Reihe von Büchern und Beiträgen einer eingehenden Untersuchung unterzogen – neben den bereits genannten in *Les pratiques du moi*[9] (mit dem Grand prix de Philosophie der Académie francaise ausgezeichnet, englisch 2010 erweitert[10]), *Débat sur l'éthique, idéalisme ou réalisme* mit Alain Renaut[11] oder zuletzt *Morality and Metaphysics*[12]. Und auch hier, wie könnte es anders sein, geht Larmore den Dingen auf den Grund. Genauer fragt er nach der Natur moralischer Gründe und bezieht im Laufe seiner Überlegungen immer stärker eine moralisch-realistische, sozusagen modernisierte platonische Position.

Mit großer Kraft arbeitet er dabei die zentrale These von der Autonomie der Moral heraus. Damit ist die anti-empiristische Auffassung gemeint, dass keine nichtmoralische Leiter zum *moral point of view* aus der Teilnehmerperspektive führt, also keine subjektiven Wünsche, Interessen oder Sanktionsbefürchtungen. Die Moral muss intern, auf der Ba-

---

[9] Paris 2004.
[10] *The Practices of the Self*, Chicago 2010.
[11] Paris 2004.
[12] Cambridge 2021.

sis eigener, moralischer, und das heißt: *impersonal reasons*, überzeugen und zugleich motivieren, und in diesen wenigen Bestimmungen liegen, wie ersichtlich, so viele Prämissen und Theoreme verborgen, dass es ein Privileg ist, einen solch sorgfältigen Denker wie Larmore am Werk zu sehen, um diese klar und deutlich, stets in der Auseinandersetzung mit zentralen alternativen und kongenialen Positionen, zu entfalten. Die Frage etwa »Warum moralisch sein?«, die zu einer großen Pluralität von Überlegungen und Theorieansätzen geführt hat, hat in seinen Augen viel zu häufig von der eigentlichen Antwort, die in der Kraft moralischer Gründe liegt, abgelenkt. Larmore reiht sich damit in eine noble Reihe von Philosophinnen und Philosophen ein, die solche Um- und Abwege zu vermeiden suchen.

Zugleich verbindet er diese anti-empiristische mit einer anti-naturalistischen Position. Ihr zufolge – man denke etwa an McDowell oder Nagel als verwandte Positionen – sind Gründe nicht dadurch bindend, dass ihnen durch eine Bestätigung eine zusätzliche Kraft verliehen wird, wie etwa der Expressivismus (Gibbard) sagt; sie sind vielmehr »part of the fabric of reality«[13], selbst Teil der Wirklichkeit. Die Vernunft, die das moralische Handeln leitet, ist deshalb in Larmores Augen weniger ein autonomes und konstruktives Vermögen, das Prinzipien und Gründe hervorbringt, sondern ein im Wesentlichen rezeptives Vermögen, auch die praktische Vernunft.

Hier liegt auch der Grund dafür, dass Larmore das Kantische Verständnis moralischer Autonomie nicht, wie es aus Kantischer Sicht naheläge, mit der These von der Autonomie und Unableitbarkeit der Moral verbinden will. Denn Larmore zufolge verdankt sich die Autorität und Geltung von Grundsätzen wie auch von Gründen nicht einem Akt der Selbstgesetzgebung, sondern sie ist dem immer schon vorgängig; Gründe tragen ihre objektive Geltung sozusagen in sich. Ich will nicht verhehlen, dass dies ein Punkt ist, an dem sich viele unserer Gespräche festmachen und der in der gegenwärtigen Moralphilosophie zu intensiven Diskussionen führt – auch in Bezug auf die Frage, ob Kant die Autonomie der Vernunft so verstand, dass die Vernunft frei darin ist, ihre Gesetze zu wählen, oder ob nicht vielmehr intelligible Freiheit sich an die apriorischen Prinzipien der reinen Vernunft gebunden weiß, die ihr um den Preis von Freiheit und Vernunft gerade nicht zur Verfügung stehen.[14]

[13] Larmore: *The Autonomy of Morality*, 9.
[14] Vgl. dazu Rainer Forst: *Die noumenale Republik*, Berlin 2021, 10-38.

Wie auch immer diese Diskussion ausgeht, wir sehen, wie hier jemand mit den konzeptuellen Mitteln, die die derzeitige Philosophie in ihrer analytischen Ausprägung zur Verfügung stellt, sich Fragen annähert, die in das Zentrum des Deutschen Idealismus zielen.

Dies ist auch in Bezug auf das Problem der Fall, das sich stellt, wenn die Frage nach der Geschichtsbezogenheit der von Larmore vertretenen Auffassung moralischer Objektivität gestellt wird. Und damit sind wir wieder auf dem Gebiet der Hermeneutik. Auf eindrucksvolle Weise macht Larmore klar, dass kein Widerspruch zwischen der These der Geschichtlichkeit und Situativität unseres Denkens einerseits und der Zeitlosigkeit objektiver Wahrheiten andererseits besteht. Denn die erstgenannte Bedingtheit ist kein Hindernis, sondern die Bedingung für die Anstrengung, im Wissen und Handeln Fortschritte zu erzielen und unser Vermögen, uns nach guten Gründen zu richten, zu verbessern. Dafür gibt es keine Garantien, aber auch keine prinzipiellen Hindernisse; die Vernunft lernt, wenn es gut geht, etwas über sich selbst in Prozessen der Aufklärung. Unsere Endlichkeit ist eine Einladung dazu, keine feste Grenze. Für Larmore ist dies, wie er in seinen neuesten Schriften klarmacht, auch die Einladung, die man freilich nicht ausschlagen sollte, sich auf den Begriff der Metaphysik einzulassen, als »inquiry into the ultimate structure of reality«.[15]

Dies ist auch die Perspektive, von der her sich der dritte Schwerpunkt seiner Arbeit erschließt, den ich abschließend kurz erwähnen möchte, die Theorie der Subjektivität oder des Selbst. Besonders in *Practices of the Self*, aber auch in seinen viel beachteten Frankfurter Vorlesungen zu *Vernunft und Subjektivität*[16] und dem Band *Das Selbst in seinem Verhältnis zu sich und zu anderen*[17], greift Larmore zentrale Fragen des Selbstseins auf, die wiederum auf den Idealismus, aber auch auf den Existenzialismus sowie auf Diskurse der französischen Philosophie und Literatur seit Montaigne verweisen. Klassische Fragen werden gestellt: Welcher Art ist die besondere Beziehung auf uns selbst, die uns als reflektierende Wesen auszeichnet; in welchem Sinne können wir für uns selbst ein Objekt der Erkenntnis sein? Gibt es, um Dieter Henrichs Position dazu zu zitieren, eine Art des ursprünglichen Vertrautseins mit sich selbst, als Alternative zu einem Reflexionsmodell, das zu Paradoxien führt, wie schon Fichte

[15] Larmore: *The Morals of Modernity*, 3.
[16] Berlin 2012.
[17] Frankfurt am Main 2017.

zeigte? Larmore plädiert an dieser Stelle dafür, den fundamentalen Bezug auf uns selbst gar nicht als Erkenntnisbeziehung zu begreifen, sondern als ein *praktisches* bzw. normatives Selbstverhältnis. Sein Kern liegt, wie könnte es anders sein, im Sich-Richten nach Gründen[18], in einem Sich-Festlegen im Raum der Gründe und des Handelns; »commitment« ist dafür das passende englische Wort. Man kann es auch ein gründegeleitetes In-Der-Welt-Sein nennen, jedenfalls liegt der Schlüssel für die Erklärung von Subjektivität in dem Verständnis solchen Standpunktnehmens; so wird das Selbst zur Person.

Ich kann an dieser Stelle nur in allgemeinen Worten auf die faszinierenden Details der Analysen Larmores hinweisen, die von hier aus vorgenommen werden – über den Begriff der Authentizität, über die Verbindung von erster, zweiter und dritter Person, über das Verhältnis von personaler und objektiver Autorität, um nur einige zu nennen. Und ich schließe mit einem Blick auf eine der schönsten Stellen in Larmores neuerem Werk, in der er die folgende Strophe aus Hölderlins Gedicht *Lebenslauf* zum Anlass nimmt, das Wesen der Freiheit zu bestimmen:

> *Alles prüfe der Mensch, sagen die Himmlischen,*
> *Dass er, kräftig genährt, danken für alles lern,*
> *Und verstehe die Freiheit*
> *Aufzubrechen, wohin er will.*

Larmore ist es in der Auslegung dieser Zeilen darum zu tun, das Missverständnis abzuwehren, die Freiheit als das Sich-Festlegen auf Gründe sei eine weltabgewandte, von der Empirie unabhängige Freiheit, da die Gründe nicht Teil der natürlichen Welt sind. Entsprechend führt er aus: »Das Wesen unserer Freiheit, sagen die letzten Zeilen, verstehen wir nur dann, wenn wir lernen, für die Prüfungen der Welt dankbar zu sein, und diese Dankbarkeit, erklärt das Gedicht als Ganzes, lernen wir vor allem durch die Erfahrung des Leids.«[19] Das Leid erinnert uns daran, dass wir Teil der Natur sind, aber es hindert uns nicht daran, ins Neue und Unbekannte aufzubrechen. Aus diesem »Widerstreit« (Hölderlin) besteht das menschliche Leben, und wie es von dort her seinen Sinn entfaltet, zeigt uns der Philosoph Charles Larmore, dessen Werk – ich unterstreiche: dessen *bisheriges* Werk – wir heute mit guten Gründen als ein Großes ehren.

---

[18] Larmore: *Das Selbst in seinem Verhältnis zu sich und zu anderen*, 31.
[19] Ebd., 191.

CHARLES LARMORE

Eine Geistesverwandtschaft aus der Ferne

Dankesrede

Sehr geehrte Frau Gadamer,
sehr geehrter Herr Prorektor Weidemüller,
sehr geehrter Herr Dutt, Präsident der Gadamer-Gesellschaft,
lieber Rainer,
meine sehr geehrten Damen und Herren,

durch die mir heute zuteil werdende Auszeichnung, den ersten Gadamer-Preis der jüngst gegründeten Hans-Georg Gadamer-Gesellschaft für hermeneutische Philosophie, fühle ich mich zutiefst geehrt. In mein Gefühl der Dankbarkeit mischt sich aber auch immer noch etwas Überraschung. Ich bin kein Anhänger der hermeneutischen Tradition. Nicht, dass ich mich einer anderen Denkrichtung zugehörig sehe. Im Allgemeinen halte ich nicht sehr viel von philosophischen Schulen und ihren Spezialmethoden. Als Philosoph geht es mir vielmehr darum, Hilfe überall zu suchen, damit ich dann imstande sei, mit Klarheit, Sorgfalt und Augenmaß – welche meine eigentlichen Leitprinzipien sind – die Probleme besser anzugehen, die mich interessieren. Genau in dieser Beziehung allerdings waren mir Gadamers Schriften schon früh überaus wichtig und sind es bis heute geblieben. Denn im Verfolgen seiner hermeneutischen Anliegen ist er mit zentralen Themen der Philosophie – dem Wesen des Denkens, der Funktion der Sprache, dem Verhältnis zwischen Individuum und Gemeinschaft, zwischen Vernunft und Geschichte – derart großzügig umgegangen, dass er fähig war, zum einen alte Probleme in ein neues Licht zu rücken, sich aber zum anderen für die Einsichten anderer und sogar entgegengesetzter Ansätze aufgeschlossen zu zeigen.

Darin liegt nämlich, aus meiner Sicht, der volle Sinn dessen, was Gadamer unter dem »Universalitätsanspruch der Hermeneutik« verstand: Nicht nur gibt es keinen Bereich des Lebens, der sich der Anwendung hermeneutischer Prinzipen entzieht, gleichzeitig verkörpert Hermeneutik auch, zumindest wie Gadamer sie betrieb und um ihn selbst zu zitieren, die Überzeugung, dass »dem Verstehen grundsätzlich keine Grenze gesetzt ist«.[1] Daher kommt es dem Philosophen zu, sich, wie er an an-

---

[1] Hans-Georg Gadamer: *Gesammelte Werke*. Bd. I: *Hermeneutik I. Wahrheit und Methode*, Tübingen 1990, 405. Im Folgenden werden die *Gesammelten Werke*

derer Stelle schrieb, »in den Dialog mit anderen Denkenden und anders Denkenden« einzulassen (GW 2, 332). Nur indem wir uns mit anderen Standpunkten auseinandersetzen, insbesondere mit denjenigen, mit denen wir nicht einverstanden sind, entfaltet sich unser eigenes Denken. In dieser allgemeinen Hinsicht ist mir Gadamer immer ein Vorbild gewesen. Leider hatte ich nie die Gelegenheit, ihn persönlich kennenzulernen. Ich habe ihn sogar nur einmal gehört, und zwar bei einem Vortrag in der Neuen Aula der Heidelberger Universität. Es muss Anfang der 8oer Jahre gewesen sein, und sein Thema, wenn ich mich richtig erinnere, war der Geist. Doch aus der Ferne, beim Lesen von *Wahrheit und Methode* und seinen anderen Schriften, habe ich immer wieder bezüglich dessen, was unsere philosophischen Grundeinstellungen anbelangt, wenn auch nicht immer in einzelnen Thesen, eine Geistesverwandtschaft gespürt. Wenn ich darüber nachdenke, fühle ich mich also ganz wohl in der Rolle eines Gadamer-Preisträgers.

Meine Gründe, eine Nähe zu Gadamers Philosophie zu empfinden, enden jedoch nicht hier. Darüber hinaus bin ich ihm in der Entwicklung bestimmter Einzelaspekte meines Denkens verpflichtet, teils weil ich Inspiration aus einigen seiner Ansichten zog, teils weil ich Ermutigung bei ihm für Gedankengänge fand, die ich von selbst eingeschlagen hatte. Dabei bin ich freilich kein treuer Gefolgsmann gewesen, habe ich doch seine Ideen für meine eigenen Zwecke verwendet. Gleichwohl stehe ich in seiner Schuld, da ich ohne ihn meinen Weg nicht so deutlich gesehen hätte.

Ich möchte mit einer Idee beginnen, die wohl als Gadamers Grundthese gelten kann und die mein eigenes Philosophieren in vielfacher Hinsicht geprägt hat. Sehr früh lernte Gadamer von Plato, mehr übrigens als von Heidegger, seinem anderen Lehrmeister, dass der Mensch nicht bloß ein sprachliches, sondern tiefgreifender ein dialogisches Wesen ist, da wir nur durch das Gespräch mit anderen, seien sie persönlich anwesend oder durch Überlieferung – durch Texte, Kunst oder Sitten – vermittelt, zu den Gedanken kommen, die als die unseren gelten. Meine Sympathie mit dieser allgemeinen Auffassung habe ich bereits erkennen lassen. Ich verdanke aber Gadamers Anwendung derselben etwas Spezifischeres. Sie hat eine bedeutende Rolle in der Ausarbeitung meiner eigenen Theo-

Gadamers unter der Abkürzung GW mit Band- und Seitenzahl im Text selbst zitiert.

rie des Selbst oder der Subjektivität gespielt.[2] Denn Gadamer wand, gerade in Anlehnung an Plato, seine dialogische Auffassung des Denkens auf das Denken über sich selbst an. Auch wenn wir allein reflektieren, anstatt mit anderen zu reden, finden wir uns in einem Gespräch, diesmal mit uns selbst.

Das bedeutet – so habe ich diesen Schritt weiterentwickelt –, dass unsere Haltung uns selbst gegenüber dann eine ist, in der wir uns als einen Anderen zu uns selbst ansehen. Wollen wir etwa feststellen, was wir glauben oder wünschen, sind wir verpflichtet, dieselbe Distanz zu uns selbst einzunehmen, zu der wir verurteilt sind, wenn wir die Bewusstseinszustände eines Anderen erkennen wollen. Auch in diesem Fall sind somit unsere Erkenntnisansprüche zwangsläufig korrigierbar: Wir haben keinen privilegierten Zugang zum Inhalt unseres eigenen Geistes. Ähnlich ist es, wenn wir reflektieren, nicht um uns selbst zu erkennen, sondern zu überlegen, was wir in bestimmten Umständen denken oder tun sollten: Wir fragen uns dann, wie sich jemand, der ähnlich wie wir situiert und disponiert ist, benehmen sollte. Ob ihr Ziel die Selbsterkenntnis oder die Selbstbestimmung ist, Reflexion besteht also darin, sich als einen Anderen zu betrachten, um dadurch in eine Art Gespräch mit sich selbst einzutreten. Wir verfügen deshalb über kein Mittel wahrzunehmen, was wir denken oder wie wir uns verhalten sollten, das andere nicht auch gleichermaßen verwenden könnten, um uns zu erkennen oder zu beraten. Kurz, wir sind nicht souverän im eigenen Haus.

Mit diesem Schluss habe ich mich einem großen Teil der neuzeitlichen Philosophie entgegengesetzt. Man hat häufig – von Descartes über Fichte bis in die Gegenwart – die Ansicht vertreten, dass die Reflexion, durch die wir zu einer objektivierenden Selbsterkenntnis gelangen, nur aufgrund einer unmittelbareren, präreflexiven Bekanntschaft mit den eigenen Geisteszuständen möglich sei. Denn wie könnten wir reflektierend wissen, dass unser Gegenstand zum eigenen Denken gehört, ohne schon vorher mit unserem Denken vertraut zu sein? Und wie könnten wir ohne eine derartige Selbstvertrautheit überhaupt als ein Selbst oder Subjekt gelten? Es scheint nämlich klar, dass jeder von uns insofern ein Selbst ist, als wir in all unserem Denken und Tun eine grundlegende Beziehung zu uns selbst haben, und dass diese Selbstbeziehung eine wesentliche Dimension von dem ausmacht, was Subjektivität heißt. Insoweit sind

---

[2] Vgl. vom Verf.: *Das Selbst in seinem Verhältnis zu sich und zu anderen*, Frankfurt am Main 2017.

übrigens Selbst und Subjekt äquivalente Begriffe (obwohl der erste dies-
bezüglich anschaulicher ist). Nun haben aber, wie gesagt, neuzeitliche
Philosophen überwiegend die fragliche Selbstbeziehung als eine präre-
flexive Selbstvertrautheit begreifen wollen, in der es gar keine Trennung,
wie bei der Reflexion, zwischen – wenn man so will – Gewahrendem und
Gewahrtem gebe. Sonst, wenn das Selbst als Gewahrtes seinem Sichge-
wahren vorausliege, werde die Erklärung zirkelhaft. Es handle sich also
um eine Selbstvertrautheit, in der beide, Gewahrendes und Gewahrtes,
im Gegenteil ein und dasselbe seien.

Eine solche Selbstvertrautheit ist jedoch schwer zu fassen. Sie soll,
wie der Ausdruck »selbstvertraut« impliziert, einer erkenntnisartigen
Selbstbeziehung gleichkommen, während Erkenntnis aber immer einen
Unterschied zwischen Erkennendem und Erkanntem voraussetzt: Erkennen bedeutet das Erkannte richtig zu erfassen, so, wie es unabhängig vom
Akt des Erkennens besteht. Der Begriff einer präreflexiven Bekanntschaft mit sich selbst scheint darum widersprüchlich. Auch in diesem
Zusammenhang ist mir die Lektüre von Gadamers Schriften eine Hilfe
gewesen. Was heißt verstehen, mithin auch verstehen, was man selbst
denkt, wenn nicht, wie er sagte, zugleich auslegen, das heißt unter ande-
rem, die Frage hinzudenken, auf die das Verstandene eine Antwort ist?
Die objektivierende Reflexion, zusammen mit den Einsichten anderer,
die uns obendrein oft besser verstehen als wir selber, sind also unsere
einzigen Mittel, zu einer Erkenntnis unserer selbst zu gelangen.

Daraus folgt nun, meiner Ansicht nach, dass der Subjektbegriff nicht
aufgegeben, sondern revidiert werden sollte. Ich teile Gadamers Ab-
lehnung jeder Form des subjektiven Idealismus, der das Subjekt – als
Bewusstsein des Selbstbesitzes, als Gesetzgeber der eigenen Denk- und
Handlungsprinzipien – zur Grundlage aller Erfahrung erklärt. Wenn das
Subjekt jedoch nicht mehr als das Zugrundeliegende (als *subjectum* im
wörtlichen Sinne) zu begreifen ist, dann kommt es darauf an, seine kon-
stitutive Selbstbeziehung, die es gerade zu einem Selbst macht, neu zu
denken. Mein Vorschlag lautet, dass diese Selbstbeziehung darin besteht,
sich in all seiner Erfahrung nach Gründen zu richten oder zumindest
nach dem, was man für solche hält.[3] Gründe selbst, so habe ich zudem unterstrichen, bestehen in der Weise, wie bestimmte Umstände in der Welt

---

[3] Vgl. vom Verf.: *Vernunft und Subjektivität*, Berlin 2012, *Morality and Metaphysics*, Cambridge 2021, Kapitel 8, sowie *Das Selbst in seinem Verhältnis zu
sich und zu anderen*.

für gewisse unserer Denk- oder Handlungsmöglichkeiten sprechen. Das Selbst bildet daher keinen Innenraum, sondern existiert, wie Heidegger und nach ihm Gadamer sagen würden, nur als ein In-der-Welt-Sein. Daher wird auch deutlich, warum das Subjekt bzw. das Selbst letztendlich kein Urheber der es leitenden Prinzipien sein kann. Denn Gründe, ob sie die Reichweite von Prinzipien besitzen oder nicht, haben eine Gültigkeit, die unabhängig von unserer Einstellung ihnen gegenüber besteht. Indem wir uns nach ihnen richten wollen, geht es uns eben darum, richtig zu erkennen, welche Überlegungen für oder gegen mögliche Denk- bzw. Handlungsweisen sprechen.

Ich möchte jetzt auf eine zweite Grundidee Gadamers zu sprechen kommen, die für mich ebenfalls wichtig gewesen ist. Es handelt sich um seine These, dass, wie es in *Wahrheit und Methode* heißt, »zwischen Tradition und Vernunft kein […] unbedingter Gegensatz besteht« (GW 1, 286). Diese These Gadamers ist Teil seiner Anstrengung, den lähmenden Gesichtspunkt des Historismus zu überwinden. Mit dem Aufstieg des historischen Bewusstseins und der Feststellung, wie sehr alle künstlerischen, religiösen und philosophischen Vorstellungen der Vergangenheit Ausdruck des jeweiligen historischen Kontextes waren, ist es vielen unmöglich erschienen, weiterhin an die Wahrheit ihrer eigenen Ansichten zu glauben. Wie Gadamer erklärte, ist diese Einstellung insofern widersinnig, als man die von jeder Form des Denkens erhobenen Geltungsansprüche, einschließlich der eigenen, historistisch untergräbt und dabei doch zugleich, um die Gesamtheit der menschlichen Geschichte auf diese Weise zu betrachten, gerade einen neutralen, überhistorischen Standpunkt einnehmen muss. Die Lösung liegt in der Einsicht, dass die Vorverständnisse, die unserem historischen Kontext entspringen, nicht notwendigerweise behindernde, sondern manchmal ermöglichende Bedingungen sind: Sie können uns erlauben, den uns vorliegenden Gegenstand besser zu verstehen.

Freilich ist Gadamer dieser Einsicht nicht immer treu geblieben, vor allem an der notorischen Stelle von *Wahrheit und Methode*, wo er unverblümt behauptet, »Verstehen ist in Wahrheit kein Besserverstehen. […] Es genügt zu sagen, dass man *anders* versteht, *wenn man überhaupt versteht*« (GW 1, 302). Indessen war er einige Seiten zuvor (296), mitten in derselben Analyse der Geschichtlichkeit des Verstehens, konsequenter verfahren, als er erklärte, wann es eben sinnvoll sei, von der »*Richtigkeit des Verstehens*« zu reden – nämlich, wenn eine »Einstimmung aller Einzelheiten zum Ganzen« festgestellt wird. Gadamer hat auch den wahrscheinlich irreführenden Ausdruck »Vorurteil« gewählt, um eine derartig produktive Rolle von geschichtlich bedingten Hintergrundannahmen zu bezeichnen. Letztlich aber sind diese Schwächen nicht so bedeutend. Das Entscheidende ist: Er hat im Unterschied zu vielen anderen klar erkannt, dass Vernunft und Geschichte keinen notwendigen Gegensatz ausmachen. Nicht, dass der Lauf der Geschichte an sich vernünftig sei. Ganz und gar nicht, wie wir besonders heute allzu sehr wissen! Der Punkt ist eher, dass das Bewusstsein der eigenen geschichtlichen Situation einer Erkenntnis der guten Gründe nicht im Wege steht, die für unsere Ansichten sprechen könnten. Woher denn sonst kämen die Mittel, diese Gründe zu erfassen?

Gadamers Reflexionen zu diesem Thema habe ich recht hilfreich gefunden, als ich mich selbst daranmachte, das Verhältnis zwischen Vernunft und Geschichte neu zu konzipieren. Dabei bin ich zwar an das Problem ihres Verhältnisses von der entgegengesetzten Richtung herangegangen, da ich in der angelsächsischen Welt nicht so sehr dem Historismus als der nicht zuletzt unter Philosophen mangelnden Anerkennung der geschichtlichen Bedingtheit alles Denkens entgegentreten musste. Beiden Einstellungen liegt jedoch der gleiche Irrtum zugrunde: Es wird angenommen, dass die Vernunft nur dann bestimmen könne, wie vorzugehen ist, wenn sie in keiner Weise geschichtlich bedingt, sondern imstande sei, die Dinge sozusagen *sub specie aeternitatis* zu betrachten. Mein Anliegen war es darum, die Ausübung der Vernunft so zu analysieren, dass sichtbar wird, wie sehr sie, selbst bei ihrer Suche nach Wahrheit, auf geschichtlich gegebene Prämissen angewiesen bleibt. Wenn Gadamer schreibt, dass die Vernunft »nicht ihrer selbst Herr ist, sondern stets auf die Gegebenheiten angewiesen bleibt, an denen sie sich betätigt« (GW I, 280-281), bin ich also ganz einverstanden. Bei der Analyse dieser Sachlage wollte ich allerdings ausführlicher verfahren, und dies hat mich zu weiteren und sogar systematischen Überlegungen geführt.

Mein Ansatzpunkt war, dass das Geschäft der Vernunft darin besteht, begründete Lösungen der Probleme zu finden, die, seien sie theoretischer oder praktischer Natur, den gewöhnlichen Lauf der Erfahrung unterbrochen haben. Ich habe dabei unterstrichen, dass man weder feststellen kann, dass bestimmte Umstände ein Problem darstellen, noch eine Lösung desselben zu ermitteln in der Lage ist, ohne sich auf Kenntnisse und Sichtweisen zu stützen, die nur deshalb verfügbar sind, weil sie von seinem geschichtlichen Kontext herrühren. Es gilt aber, darüber hinauszugehen.

Gerade weil die Ausübung der Vernunft auf die begründete Lösung von Problemen abzielt, sollte die Rechtfertigung selbst als eine wesentlich problembezogene Tätigkeit begriffen werden. In diesem Licht nimmt die Geschichtlichkeit der Vernunft eine tiefere und folgenschwere Bedeutung an.[4] Mir scheint es nämlich klar, wie sehr es auch gängigen Denkweisen entgegengesetzt sein mag, dass unsere bestehenden empirischen oder moralischen Überzeugungen als solche keiner Rechtfertigung bedürfen. Nur wenn wir einen positiven Grund entdeckt haben, ihre Wahrheit anzuzweifeln, sind wir verpflichtet, nach einer Rechtfertigung für sie zu suchen. Dafür spricht ein Prinzip der Symmetrie: Genauso wie wir offensichtlich eine Berechtigung dafür benötigen, eine neue Überzeugung anzunehmen, benötigen wir auch Gründe dafür, eine gegebene Überzeugung in Frage zu stellen, womit dann, aber nur dann, eine Rechtfertigung davon erforderlich wird. Zudem müssen diese Gründe derart sein, dass sie von unserem eigenen Standpunkt aus relevant erscheinen. Der Umstand, dass wir bestimmte Überzeugungen wegen unseres geschichtlichen Kontextes besitzen, bedeutet nicht, dass wir sie deshalb in Frage stellen sollten, solange wir keinen Grund sehen zu vermuten, dass sie illegitimerweise entstanden sind.

Auch der Umstand, dass jemand anderes, und sogar in vollem Ernst, einen Einwand gegen unsere Überzeugung erhebt, ist für uns an sich kein Grund, diesen Einwand ernst zu nehmen. Es müsste ein Einwand sein, dessen Stärke von unserem eigenen Standpunkt aus erkennbar wäre. Natürlich können wir uns dann entscheiden, seinem Einwand dadurch zu entgegnen, dass wir unsere Überzeugung ihm gegenüber zu rechtfertigen versuchen. Es ist jedoch zu beachten, dass eine solche Rechtfertigung nicht dasselbe ist wie die Art von Rechtfertigung, durch die wir eruieren, ob wir selbst eine Überzeugung akzeptieren sollten. Um unserem Kontrahenten gegenüber eine unserer Überzeugungen zu rechtfertigen, müssen wir von Prämissen ausgehen, denen er schon zustimmt oder denen er zustimmen könnte, aber nicht notwendigerweise von denen, die wir selbst für die besten, entscheidenden Gründe für die Überzeugung halten, die er jedoch vielleicht nicht zu schätzen imstande ist. Was die Veränderung des eigenen Denkens anbelangt, gilt es also, Änderungen immer aus der eigenen Perspektive zu beurteilen. Es versteht sich von selbst, dass wir Gründe entdecken können, Elemente unserer Perspektive zu revidieren.

---

[4] Vgl. vom Verf.: *The Autonomy of Morality*, Cambridge 2008, Kapitel 1, und *Das Selbst in seinem Verhältnis zu sich und zu anderen*, Kapitel 5.

Solche Verbesserungen nehmen wir gleichwohl vor, indem wir uns auf
andere Bestandteile dieser Perspektive stützen.

Aus all dem folgt, dass nicht nur die Identifizierung von Problemen
und Lösungen, sondern selbst alle Begründung, welche den eigentlichen
Kern der Vernunftausübung bildet, durch die eigene geschichtliche Situation geprägt ist. Wenn wir das Wesen unserer Vernunft ohne Illusion
betrachten, müssen wir zugeben, dass sie zwar keineswegs unwirksam,
aber, wie Gadamer bemerkte, auch »nicht ihrer selbst Herr ist«.

Nun habe ich es bei diesen erkenntnistheoretischen Klarstellungen
nicht bewenden lassen wollen. Mir ging es ferner darum, aufgrund der
Geschichtlichkeit der Vernunft das Phänomen vernünftiger Dissense
zu erklären – ein Phänomen, das, so zentral seine Rolle besonders im
politischen Bereich ist, dennoch schwer verständlich, wenn nicht widersprüchlich erscheinen kann.[5] Es handelt sich um den Umstand, dass
Menschen verschiedener Meinung sein können, selbst wenn sie ihre
Vernunft ernsthaft und nach besten Kräften ausüben. Einerseits scheint
dieses Phänomen unbestreitbar, besonders wenn das Thema interpretati-
ver oder ethischer Natur ist: Welche waren die entscheidenden Ursachen
des Ersten Weltkrieges? Wie sieht das gute Leben aus? Je mehr wir solche Fragen miteinander diskutieren und uns gegenseitig genau zuhören,
desto wahrscheinlicher wird es, auch wenn wir über die gleichen sach-
lichen Kenntnisse verfügen, dass wir feststellen, uneins zu sein, manchmal sogar mit uns selber. Andererseits kann es dagegen einleuchtend
erscheinen, dass Menschen, sollten sie aufgrund derselben Information
zu entgegengesetzten Schlussfolgerungen gelangen, tatsächlich nicht alle
logisch denken. Wenn sie ihrer Uneinigkeit gewahr werden, muss dann
nicht jeder, der überzeugt ist, er selbst denke richtig, schließen, dass die
anderen nicht so vernünftig denken wie er? Oder, wenn sie alle überzeugt
sind, sie seien alle gleichermaßen vernünftig, müssen sie dann nicht, der
Vernunft gemäß, den Schluss ziehen, dass die Gründe, die sie für ihre
unterschiedlichen Meinungen zu haben glaubten, unzureichend seien
und dass sie sich deshalb jedes Urteils enthalten sollten? In diesem Fall
aber würde ihre Differenz gänzlich verschwinden. Und dennoch: Es gibt
offenkundig vernünftige Dissense, und zwar fortdauernde. Wie gesagt,
ist der politische Bereich voll davon, ebenso das intellektuelle Leben –
gar nicht zu reden von philosophischen Seminaren!

---

[5] Siehe vom Verf.: *What is Political Philosophy?*, Princeton 2020, Kapitel 3, § 2.

Nun können die vorangehenden Ausführungen zur Geschichtlichkeit der Vernunft leicht erklären, wie vernünftige Dissense tatsächlich möglich sind. Wenn sich die Schlüsselbegriffe eines Themas auf entgegengesetzte Weisen interpretieren und einschlägige Erwägungen unterschiedlich gewichten lassen, können Individuen oder Gruppen zu gegensätzlichen und gleichwohl begründeten Ansichten gelangen, falls ihre Ausgangspunkte – ihre jeweiligen Vorverständnisse, Kriterien und Interessen – divergieren. In solchen Fällen ist ihre Differenz vernünftig, sofern sie von ihren abweichenden Ausgangspunkten aus richtig verfahren sind. Der Einwand, ihre Differenz könne nur dann als vernünftig gelten, wenn auch ihre jeweiligen Ausgangsprämissen gerechtfertigt sind, beruht auf einem Irrtum. Denn schon bestehende Überzeugungen bedürfen, wie ich schon ausgeführt habe, solange keiner Rechtfertigung, wie man von seinem eigenen Standpunkt her keine Gründe entdeckt hat, an ihrer Wahrheit zu zweifeln. Vernünftige Ansichten sind also begründete Ansichten, das heißt Ansichten, die zu akzeptieren man angesichts seiner anderen Überzeugungen gute Gründe gesehen hat. Sie sind aber nicht deshalb notwendigerweise wahr. Daher können die Teilnehmer an einem vernünftigen Dissens alle behaupten, ihre eigenen Meinungen seien vernünftig, und zugleich daran festhalten, dass ihre Uneinigkeit wirklich einen Dissens darstellt und dass es eine richtige Antwort auf die Frage gibt, die sie trennt.

Dass der Begriff des vernünftigen Dissenses kohärent ist, ist meines Erachtens ein Resultat von beträchtlicher Bedeutung. Wie gesagt, scheinen Differenzen dieser Art ein weit verbreitetes Phänomen zu sein, vor allem hinsichtlich religiöser und kultureller Fragen, die eine politische Brisanz besitzen. Es ist darum wichtig, dass solche Konflikte keineswegs illusionär, sondern tatsächlich so sind, wie sie erscheinen. Denn gerade weil sie vernünftig sind, sollten ihnen die Grundprinzipien einer liberal-demokratischen Ordnung, deren Legitimität an die Vernunft ihrer Bürger appelliert, Schutz und Respekt gewähren. Das ist eines der Themen des politischen Liberalismus, den ich im Lauf der Jahre zu entwickeln versucht habe.[6] Ohne die frühe Anregung, die ich von Gadamers Reflexionen über das Verhältnis zwischen Vernunft und Geschichte bekam, hätte meine politische Philosophie wahrscheinlich eine andere und weniger anspruchsvolle Gestalt angenommen.

[6] *The Autonomy of Morality*, Kapitel 6-8, und *What is Political Philosophy?*, Kapitel 3.

Selbst da, wo ich Gadamer nicht zustimmen konnte, sehe ich mich von ihm beeinflusst. Was ich für seine Irrtümer halte, hat sich für mich häufig als produktiv erwiesen. In seiner Hermeneutik zum Beispiel wollte er bekanntlich auf den Begriff der Intention des Autors verzichten und verfehlte daher, meiner Ansicht nach, den wesentlichen Unterschied zwischen dem, was ein Text wegen der darin verwirklichten Intention seines Autors sagt, und dem, was der Text für die Interessen des Lesers bedeutet. Texte schreiben sich nicht selbst, sondern werden von Autoren so geschrieben, dass sie einen Zweck oder eine Vielfalt von Zwecken verkörpern. Auch wenn wir fast niemals einen Text lesen, ohne daran interessiert zu sein, wie er uns selbst irgendwie anspricht, müssen wir von einer mehr oder minder eindeutigen Vorstellung seines Inhalts ausgehen, um dessen Relevanz zu bestimmen. Aus diesen Gedanken habe ich eine »Ethik des Lesens« entwickelt, die sich zwar Gadamers eigener Sichtweise entgegenstellt, aber ihm deshalb *ex negativo* viel verdankt.[7]

Ein zweites Beispiel ist Gadamers Tendenz, die Vorverständnisse, die unser Denken prägen, als Teilhabe an einer gemeinsamen, einheitlichen Überlieferung zu begreifen. Ihm gefiel es etwa, den aristotelischen Begriff des *Ethos*, das heißt die »Tatsächlichkeit der zumeist verständlichen und zutiefst gemeinsamen, von uns allen geteilten Überzeugungen, Wertungen, Gewöhnungen, [den] Inbegriff all dessen, was unser Lebenssystem ausmacht« (GW 2, 325), immer wieder anzupreisen. Meines Erachtens verdecken solche auf den ersten Blick homogen erscheinenden Überlieferungen in der Regel darunterliegende Divergenzen, die nicht oder nur undeutlich zum Ausdruck gekommen sind, und eben dadurch gelingt es ihnen, sich anscheinend reibungslos fortzusetzen. Mich erinnert das an eine Stelle aus Diderots *Paradoxe sur le comédien*: »Ne vous expliquez pas, si vous voulez vous entendre«.[8] Mein Misstrauen gegenüber solchen Vorstellungen besteht seit langem. Es hat mit der Lektüre besonders deutscher Philosophen wie Gadamer begonnen und liegt meinem intellektuellen sowie politischen Interesse am Begriff des Dissenses zugrunde.

Es liegt mir aber gerade deshalb fern, von einem Denker, mit dem ich nicht in allen Punkten übereinstimme, weniger zu halten. Gadamer ist zweifellos wegen seiner Einsichten und seines Einflusses einer der

[7] *Das Selbst in seinem Verhältnis zu sich und zu anderen*, Kapitel 7.
[8] Denis Diderot: *Œuvres esthétiques*, Paris 1968, 305. »Erklären Sie sich nicht, wenn Sie miteinander einverstanden sein wollen«.

großen Philosophen des letzten Jahrhunderts. In großen und in kleinen Dingen habe ich von ihm viel gelernt. In der Auszeichnung durch diesen ersten Gadamer-Preis sehe ich nicht nur eine Ehre, sondern auch eine Bestätigung meines eigenen Selbstverständnisses.

Veröffentlichungen von Charles Larmore

(Auswahl)

Patterns of Moral Complexity, Cambridge: Cambridge University Press, 1987.

Modernité et morale, Paris: Presses Universitaires de France, 1993.

The Morals of Modernity, Cambridge: Cambridge University Press, 1996.

The Romantic Legacy, New York: Columbia University Press, 1996.

Les pratiques du moi, Paris: Presses Universitaires de France, 2004 (Englische Übersetzung: *Practices of the Self*, Chicago: University of Chicago Press, 2010).

Débat sur l'éthique. Idéalisme ou réalisme (mit Alain Renaut), Paris: Grasset, 2004.

The Autonomy of Morality, Cambridge: Cambridge University Press, 2008.

Dare ragioni. Il soggetto, l'etica, la politica, Turin: Rosenberg & Sellier, 2008.

Dernières nouvelles du moi (mit Vincent Descombes), Paris: Presses Universitaires de France, 2009.

Vernunft und Subjektivität. Frankfurter Vorlesungen, Berlin: Suhrkamp Verlag, 2012.

Das Selbst in seinem Verhältnis zu sich und zu anderen, Frankfurt am Main: Klostermann Verlag, 2017.

What is Political Philosophy?, Princeton: Princeton University Press, 2020.

Morality and Metaphysics, Cambridge: Cambridge University Press, 2021.

De raisonnables désaccords. Dialogue avec Pierre Fasula, Paris: Les petits Platons, 2022.

Über die Hans-Georg Gadamer-Gesellschaft

Die Hans-Georg Gadamer Gesellschaft für hermeneutische Philosophie (HGGG) ist ein gemeinnütziger Verein zur Förderung von Wissenschaft und Forschung. Sie wurde am 2. Oktober 2021 gegründet und hat ihren Sitz am Philosophischen Seminar der Universität Heidelberg.

Den für vier Jahre gewählten Gründungsvorstand der Gesellschaft bilden *Carsten Dutt* (Heidelberg) als Präsident, *Petra Gehring* (Darmstadt) als Vizepräsidentin, *Dieter Teichert* (Konstanz) als Schatzmeister, *Andrea Gadamer* (Gaiberg) und *Peter König* (Heidelberg). Die Mitglieder des für eine Amtsperiode von sechs Jahren bestellten Wissenschaftlichen Beirats der HGGG sind *Martin Avenarius* (Köln), *Michael Erler* (Würzburg), *Jean Grondin* (Montreal), *Gerald Hartung* (Wuppertal), *Maria Moog-Grünewald* (Tübingen), *Stefan Rebenich* (Bern) und *David Wellbery* (Chicago). Ex officio gehören dem Wissenschaftlichen Beirat *Ulrich von Bülow* als Leiter der Abteilung Archiv des Deutschen Literaturarchivs Marbachs und *Ingo Runde* als Direktor des Universitätsarchivs Heidelberg an.

Ihren Satzungszweck verwirklicht die HGGG durch die Förderung der wissenschaftlichen Erforschung, editorischen Erschließung und öffentlichkeitswirksamen Vermittlung des Werks und der internationalen Wirkungsgeschichte Hans-Georg Gadamers, des Begründers der philosophischen Hermeneutik im 20. Jahrhundert. Hierzu gehören die Veranstaltung wissenschaftlicher Tagungen, Vortragsreihen, Seminare und Sommerakademien; die Publikation von Tagungsakten; die finanzielle oder konsiliarische Förderung von Projekten zur Gadamer-Forschung; die Vergabe des Gadamer-Preises für herausragende Leistungen auf den Gebieten der philosophischen oder geisteswissenschaftlichen Hermeneutik; die Vergabe von Gadamer-Stipendien für Nachwuchswissenschaftlerinnen und Nachwuchswissenschaftler zur Förderung von Projekten, die sich auf philosophisch belangvolle Weise mit Gadamers gedrucktem Werk oder den nicht edierten Beständen seines im Deutschen Literaturarchiv Marbach und zu einem kleineren Teil im Universitätsarchiv Heidelberg verwahrten Nachlasses befassen.

Mitglieder der HGGG können natürliche oder juristische Person werden, die bereit sind, die satzungsgemäßen Ziele der Gesellschaft zu unterstützen. Die Höhe des Jahresbeitrags für ordentliche Mitglieder liegt bei 50 Euro. Schüler und Studenten können zu einem ermäßigten Jahresbeitrag in Höhe von 20 Euro Mitglieder werden. Korporative Mitglieder entrichten einen Jahresbeitrag von 150 Euro. Die auf der Webseite der Gesellschaft verzeichneten Förderer der HGGG entrichten einen Jahresbeitrag in Höhe von mindestens 250 Euro. Mitgliedschaften werden auf schriftlichen Antrag beim Vorstand erworben. Hierfür steht ein Formblatt zum Download bereit: https://www.gadamer-gesellschaft.de/die-gesellschaft/mitgliedschaft/.

Hans-Georg Gadamer-Gesellschaft für hermeneutische Philosophie e.V.
c/o Philosophisches Seminar der Universität Heidelberg
Schulgasse 6
D-69117 Heidelberg
www.gadamer-gesellschaft.de